사계, 미완의 변주곡

사계, 미완의 변주곡

초판 1쇄 발행 2024년 3월 20일

지은이 정남현
펴낸이 장길수
펴낸곳 지식과감성⁺
출판등록 제2012-000081호

교정 이주희
디자인 강샛별, 정은혜
편집 강샛별
검수 이주연, 정윤솔
마케팅 김윤길, 정은혜

주소 서울시 금천구 벚꽃로298 대륭포스트타워6차 1212호
전화 070-4651-3730~4
팩스 070-4325-7006
이메일 ksbookup@naver.com
홈페이지 www.knsbookup.com

ISBN 979-11-392-1717-9(03810)
값 12,000원

- 이 책의 판권은 지은이에게 있습니다.
- 이 책 내용의 전부 또는 일부를 재사용하려면 반드시 지은이의 서면 동의를 받아야 합니다.
- 잘못된 책은 구입하신 곳에서 바꾸어 드립니다.

지식과감성⁺
홈페이지 바로가기

사계, 미완의 변주곡

정남현

🎼 시인의 말

 해 아래 새것이 없다고 했던가? 그러나 시인은 새것을 건져 올리려 한다. 그냥 스치듯 지나치는 일상에서 보물찾기를 하듯이 삶의 의미와 진미를 찾으려고 몸부림을 친다. 잊혀 가는 것들과 점점 멀어져 가는 것들을 사랑하며 그리워하며 추억한다. 그렇게 즐겁기도 하고 때론 고통스럽기도 한 사유에 몰두하며 한 편의 시를 써 내려간다. 그러나 시인은 어떤 의무감에서 시를 쓰는 것은 아니다. 그저 한잔의 차를 마시듯 일상의 일처럼 가볍고 즐겁게 시를 쓰고 싶어 한다. 이런 시인의 두 눈에 담긴 별들이 반짝이는 시어가 되어 나타난다. 가슴으로 깊이 품어 잉태된 시어들은 아픔을 녹이는 꽃향기가 된다. 그렇게 시인은 일상을 새것으로 바꾸는 마술사가 된다.

2024년 3월
정남현

차례

시인의 말 ············· 5

제1부
봄의 교향악

봄의 교향악 ············· 14
황홀한 봄날 ············· 15
몸살 ············· 16
꽃의 이야기 ············· 18
봄과 그리움 ············· 19
봄소식 ············· 20
봄의 노래 ············· 21
내 마음에 핀 꽃 ············· 22
봄비와 찬미 ············· 23
꽃이 피어나는 봄 ············· 24

봄꽃의 소망 ············· 26
봄의 축제 ············· 27
내 꽃은 어디에 ············· 28
봄과 사랑 ············· 29
우리 만날 봄날에 ············· 30
5월의 봄비 ············· 31
꽃은 핀다 ············· 32
눈먼 어느 봄날 ············· 33
가슴에 핀 꽃 ············· 34
벚꽃엔딩 ············· 35

제2부
별을 바라보며

별을 바라보며 ·············· 38	산과 구름 ·············· 52
바람이 분다 ·············· 39	그리고 다시 여름 ·············· 53
소녀와 별빛 ·············· 40	허공 ·············· 54
별꽃 ·············· 41	저녁 바닷가에서 ·············· 55
꽃의 노래 ·············· 42	옥수수 ·············· 56
풀꽃 ·············· 44	강과 하늘과 물새 ·············· 58
호숫가에서 ·············· 46	별 볼 일 없는 밤 ·············· 60
장미의 눈물 ·············· 47	홀로 나는 새 ·············· 61
붉은 장미 ·············· 48	나만의 우물가 ·············· 62
바닷가 물안개 ·············· 50	바람아 불어라 ·············· 64

제3부
가을의 수채화

가을의 수채화 ········· 66	가을의 길 1 ············ 76
아, 가을이다 ·········· 67	가을의 길 2 ············ 78
가을에 ················ 68	가을 예찬 1 ············ 79
가을 낙엽 ············· 69	가을 예찬 2 ············ 80
가을 열매 ············· 70	빈 의자 ················ 81
나뭇잎처럼 ············ 71	가을 풍경 ············· 82
가을 여행 ············· 72	철길 옆 코스모스 ······ 83
가을 편지 ············· 73	홀로 핀 들국화 ········ 84
행복한 가을 ··········· 74	가을의 신부 ··········· 85
곶감 ·················· 75	가을의 만남 ··········· 86

제4부

다시 보고픈 겨울

다시 보고픈 겨울 …………… 90	겨울나기 …………………… 103
달 뜨는 겨울 ………………… 91	사노라 ……………………… 104
첫눈이 내린다 ………………… 92	꿈꾸는 나무 ………………… 105
겨울나무 ……………………… 94	별을 사랑한 나무 …………… 106
길모퉁이 나무 ………………… 96	늦은 오후 …………………… 107
진눈깨비 ……………………… 97	된서리 ……………………… 108
겨울과 자작나무 ……………… 98	가족여행 …………………… 110
하늘에서 핀 꽃 ……………… 100	겨울이 찌푸릴 때 …………… 112
환송 ………………………… 101	침묵 ………………………… 114
겨울이 내린다 ……………… 102	세월이 간다 ………………… 116

제5부
왜 나는 여기에

왜 나는 여기에 ······ 120	쓰나미 같은 사랑 ······ 144
행복자 ······ 122	흔들리는 마음 ······ 146
뭉게구름 ······ 123	붉은 갈대밭 ······ 147
낙엽 지다 ······ 124	시와 된장국 ······ 148
불의 형벌 ······ 126	멈췄을 때 비로소 보았다 ······ 150
뒤집기 ······ 127	평행선 ······ 152
석양 ······ 128	끄덕 ······ 154
만남 ······ 129	별자리와 말자리 ······ 155
돌잔치 ······ 130	딸 결혼식 ······ 156
바람 ······ 132	혓바늘 ······ 158
인생 여행 ······ 133	마침내 묻는다 ······ 159
살포시 ······ 134	그래 그 마음이야 ······ 160
원수 ······ 135	지구에 떨어지겠지 ······ 161
때늦은 후회 ······ 136	건반을 달리다 ······ 162
꿈꾸는 민들레 ······ 137	갈수록 태산 ······ 163
내 사랑 당신 ······ 138	실타래 풀기 ······ 164
산이 나무에게 ······ 140	어떤 말 ······ 165
그 길을 따라 ······ 143	실패 ······ 166

제6부
시의 마음을 읽다

시평 1 ―「장미의 눈물」 ········ 168
시평 2 ―「붉은 장미」············ 170
시평 3 ―「바람이 분다」 ········ 172
시평 4 ―「가슴에 핀 꽃」 ········ 173
시평 5 ―「석양」····················· 174
시평 6 ―「홀로 나는 새」 ········ 176
시평 7 ―「그 길을 따라」 ········ 178
시평 8 ―「낙엽 지다」············ 180
시평 9 ―「철길 옆 코스모스」·· 182
시평 10 ―「가을 예찬 2」········ 183
시평 11 ―「가을 풍경」··········· 184
시평 12 ―「겨울나기」············ 185
시평 13 ―「겨울이 내린다」···· 186

제1부

——

봄의 교향악

봄의 교향악

산등성이 저 너머에 봄 햇살이 떠오르면
싱그러운 나뭇잎들이 파르르 전주를 한다
산골짜기 골을 타고 봄바람이 신명 나게
춤을 추면 숲의 축제는 솔솔솔 흥이 난다
일급수 맑은 시냇물은 부서지는 햇살에
반짝이며 절정을 향해 콸콸콸 내달린다
숲의 교향악이 막을 내릴 무렵에 감동한
숲의 청중은 우레와 같은 갈채를 보낸다
브라보~ 참으로 즐거운 봄의 교향악이다

황홀한 봄날

오 감미로워라
따스한 봄의 노래여
오 찬란하여라
눈부신 봄의 태양이여
오 아름다워라
화려한 봄의 꽃들이여
눈을 감고 있으면
봄의 교향악이 들리는 듯
너무나 황홀한 봄날입니다

몸살

온몸에 힘이 하나도 없고
머리에 열이 오르고 있다
가벼운 바람에도 온몸이
속절없이 흔들리고 있다

두터운 이불을 뒤집어쓰고
밤새도록 땀을 쏟아 내고도
찌뿌둥하고 개운하지 않다
내가 이런 나이가 된 건가

아내가 사다 준 약을 먹고도
하루 종일 쓰러져 잠만 자고
삼 일을 골골하며 앓고서야
이제 좀 살 만해진 것 같다

이토록 내 삶에 머물렀던
겨울의 마음이 아팠던 건가
아니면 겨우내 기다리던
봄이 그리워 병이 난 건가

이제는 누구가의 마음을
그렇게 아프게 하지 말자
이제는 누구가를 이토록
서럽게 기다리게 하지 말자

이렇게 몇 번의 계절이
지나고 나면 나도 갈 테니
내 사랑 그대, 봄이여
그대 부를 사랑의 노래에
가난한 내 영혼을 울려 주오

꽃의 이야기

혹독한 겨울은
얼마나
힘들었던가

소복소복
내 맘에
쌓인 눈물들

나의 봄날
나의 꽃이
보이지 않던 날들

이토록
예쁜 꽃이
내 안에 있었다니
그래 나는 꽃이었구나

봄과 그리움

포근한 봄 햇살 찾아와
겨우내 웅크린 그리움
고요히 위로해 주었네

사랑한 추억들 떠올라
그리움 더 깊이 고이니
보고픈 얼굴이 맴도네

봄소식

따스한 봄볕이 찾아와
해맑게 웃으며 반기네

싱그러운 봄바람 불어와
다정히 내 볼을 만지네

봄소식 어디서 들었나
물오른 새순이 돋았네

봄의 노래

겨우내 찬 바람 맞으며
온기가 사라진 냉가슴
찾아온 봄 햇살 고마워
따스한 눈물이 흘렀다

지나간 겨울의 서러움
지나간 겨울에 남기고
찾아온 봄 햇살 봄바람
반가이 맞으며 살고파

그립고 보고픈 이들과
정답고 정겹게 만나고
내 평생 사랑할 이들과
살갑게 살뜰히 살고파

내 마음에 핀 꽃

가난한 내 삶에
찾아와
사랑으로 피어난 꽃

외로운 내 영혼에
찾아와
우정으로 피어난 꽃

당신은
내 마음에 핀
단 하나의 꽃입니다

봄비와 찬미

봄비가 내린다
은총이 내린다
감동이 내린다
푸른 생명이여
피어난 꿈이여
봄비를 내리신
이를 찬미하라

꽃이 피어나는 봄

그리움을
태우고 태우면
무엇이 있을까

그리움도
다 타고 나니
한 줌의 재뿐이네

덧없이 가는
내 인생도
피어날 수 있을까

나를 기억하는 이 있으니
그 기억 속에서
피어나는 것이 아닐까?

나를 불러 주시는 이 있으니
그 부름 속에서
피어나는 것이 아닐까?

봄날에 피어나는 꽃들을 보며
내 인생도 피어날 소망을 바라보네

봄꽃의 소망

내 인생에 봄꽃처럼 활짝
피워 볼 봄날이 찾아온다면
그때는 내 그리운 임의
사랑으로 피어나고 싶소
그때는 나를 부르신 임의
기쁨으로 피어나고 싶소
그때는 내 사랑한 이들의
추억으로 피어나고 싶소
그렇게 내 인생을 봄꽃처럼
원 없이 활짝 피워 보고 싶소

봄의 축제

화창한 봄날이다
흥겨운 새들이 모여
봄의 노래를 부른다
휘리릭~ 휘리릭~
화려한 봄단장을 한
봄꽃들이 화답한다
휘리릭~ 휘리릭~
내 마음도 덩달아
즐거워 노래 부른다
휘리릭~ 휘리릭~
아~ 즐거운 봄의 축제여

내 꽃은 어디에

나를 사랑한 이 있으니 그들의 기억 속에서
아름다운 추억으로 그리움으로 피어나기를
나를 부르신 이 있으니 그분의 부르심 안에
영광의 빛으로 부활의 소망으로 피어나기를

나를 사랑하는 이, 나를 부르신 이 있으니
내 인생도 봄꽃처럼 찬란하게 피어나리라
덧없이 가는 인생을 서럽다 서럽다 않으리
봄날처럼 피어날 내 인생의 꽃들이 있으니

봄과 사랑

따스한 봄이 찾아왔다
겨우내 얼어붙은 땅에
푸른 생명이 돋아났다
봄을 반기는 풀잎들의
파릇한 미소가 정겹다
어느덧 청춘은 지나고
사랑도 시들어 가는데
오늘의 봄날은 여전히
우리를 반갑게 찾는다
지난 청춘의 봄날들아
파릇했던 내 사랑들아
참 고마운 봄날들이여
내 생애 남은 봄날들은
완숙한 사랑이 꽃피길

우리 만날 봄날에

겨우내 얼어붙은 땅에 푸른 생명이 돋아났다
봄을 반기는 풀잎들의 파릇한 미소가 정겹다
어느덧 청춘은 지나고 사랑도 시들어 가건만
봄날은 언제나 여전히 반갑게 우리를 찾는다
그리운 청춘의 봄날들 참 고마운 사랑들이여
이 좋은 봄날에 너와 나 무엇이 되어 만날까
바쁜 발걸음 멈추고 포근한 가슴으로 만나자
지난 서러움 벗고서 넉넉한 사랑으로 만나자
우리 서로가 그렇게 감동할 봄날을 꼭 만나자

5월의 봄비

황사 먼지
봄 가뭄에
바싹 목말라
신음하던 대지에
축복의 단비가 내린다
대지를 향해 낙하하며
산산이 부서지는 빗방울들,
마치 나라를 구하려고 산화하신
순국선열의 뜨거운 애국심을 보는 듯
초가지붕은 하염없이 눈물을 쏟아 내고 있다

꽃은 핀다

저리도 모질게
잘리고
꺾였건만
한 줄기 꽃이 피었다
그래,
포기하지만 않으면
꽃은 핀다
꽃은 반드시 핀다

눈먼 어느 봄날

봄 햇살 입맞춤에 수줍은 복사꽃 얼굴을
하늘 가득 머금은 보드라운 달빛의 미소를
나는 보지 못했습니다

홀로 남은 봄날이 서럽고 서러워서
이별의 생채기가 아프고 아파서
나의 눈이 먼 것입니다

눈부시도록 아프게 꽃피는 사월입니다
누군가 달빛의 미소를 보았다고 하고
그는 그 빛이 푸르다고 합니다

이제 나의 봄날을 사랑하려 합니다
피고 지는 봄꽃들을 노래하려 합니다
그리움에 다 타 버린 시린 가슴으로

가슴에 핀 꽃

가슴에 묻고 어찌 살까
눈물로 흘려보낼 수만
있으면 얼마나 좋을까
그렇게 가슴 깊이 흘린
눈물로 피는 꽃이 있다
그것은 못다 한 사랑…

벚꽃엔딩

야속한 바람에
꽃잎이 날린다
봄날이 날린다

아쉬운 봄비에
꽃잎이 내린다
봄날이 내린다

우리의 봄날은
꽃길을 남기고
이렇게 가는구나

제2부

별을 바라보며

별을 바라보며

인생길을 가다가
가끔은 하늘을 바라본다
어린 시절 수없이
바라보았던 그 별들이
지금도 그 자리에 있다
언제나 변함없이
그 자리에 있는
저 별처럼 누군가에게
행복한 미소를 짓게 하는
그리운 별이 될 수 있다면
그 정도는 있어야 삶일 것이다
그래야 인생을 살았다 할 것이다

바람이 분다

사랑을 하나 보다
바람만 불어도
생각나는 사람이 있다

가까이 있어도 늘 그리운 사람아
바람 부는 언덕에 오르면
그대 이름 별 위에 새겨 놓으리

바람이 분다
바람만 불어도 보고 싶은 사람아
그것은 사랑

나 그대 두 팔에 안겨
별을 노래하듯 살고 싶어라
꿈같이 한세상 살고 싶어라

소녀와 별빛

어린 새싹처럼 돋아난 사랑을
고이 간직했던 소녀의 간절한
기도를 바라봐 주던 별빛이여
지금 그 소녀는 어디에 있는가
지금 그 기도는 어디에 있는가
그 소녀가 바라보던 그 별빛은
지금도 그 자리에 서 있건만
소녀는 간 곳이 없고 그 자리엔
추억하는 빈 그림자만 홀로 남아
그 별빛을 보며 마음이 무너진다
기억해 주오
간직해 주오
그 마음을
그 기도를
그 사랑을
그리고 부디 행복하시길…

별꽃

반짝반짝 빛나는
하늘의 별들이
이 땅에 내려와
별꽃으로 피어났다
멀리서만 바라보던
그 사랑하던 이들을
가까이서 만나 보려고
모두 잠든 밤에
조용히 이 땅에 내려와
하이얀 꽃으로 피어났다
이슬처럼 영롱한 별빛이
이 땅에 내려와 웃고 있다

꽃의 노래

꽃이여
붉은 그대의 얼굴을
바라보는
내 마음이 왜 이렇게
흔들리는지 아시오

꽃이여
함초롬한 그대는
그토록 꿈에 그리던
내 사랑과
너무 닮았소이다

꽃이여
그대의 예다움을
바라보는 나는
꿈속을 걷는 듯

시나브로 행복에

젖어 들고 있소이다

풀꽃

길가에
이름 모르는
풀꽃 하나 피어 있네

험한 길가에서
참 도담하고
예쁘게 잘 자랐구나

누구 하나
관심 가져
주는 이 없어도
별처럼
고운 꽃들을
피우며
막새바람을
기다리는

풀꽃의 마음이여

그 마음

그대로

언제나 한결같기를…

호숫가에서

오늘은 무슨 근심이
있나 보다
하늘이 잔뜩 찌푸려 있다

그 마음을 아는 듯
호수는
하늘을 가슴에 품었다

무슨 근심이 그리도
많은지
천근만근 힘든 내 맘을

저 호수는 아는지
물끄러미
내 눈을 바라보고 있다

장미의 눈물

신은 아름다운 그녀에게
가시를 주었다
많은 사람들은 그녀를 사랑했지만
그녀의 가시를 견디지 못했다
사람들은 그녀와 사진을 찍고
바라보는 것으로 만족했다
그녀는 그녀의 가시를 품어 줄
사랑이 그리웠다

누가 알았던가,
잠깐 피었다가 지는 삶에
아무도 선택할 수 없는
사랑의 숙명이 있었던 것을
자신을 내어주기만 해야 하는
붉은 설움이
올해는 유난히도 더욱 붉다

붉은 장미

참 아름답다
넘쳐 나는
그대의 자신감
누구라도
매료될 수밖에

그대의 가시는
아무에게나
마음을
허락하지 않는
의연한 절개

열렬한 사랑을
고백하고픈
이들의 전령사인
그대의 이름은

행복한 사랑
붉은 장미로다

바닷가 물안개

평온한 새벽
바닷가
고요히 들리는
파도 소리에 귀를 기울인다

눈을 감고 선
바닷가
지난 추억들과
숨 쉬고 있는 지금
그리고 물안개

지난 추억은
잊히고
지금은 평온한데
내일은
물안개 속에 있어 희미하다

그래도 분명한 건
내일도
바다는 파도를 보내
오늘을 이야기할 것이다
내가 있든지 없든지…

산과 구름

산과 산이 만나는 곳
그곳은 산의 언저리
가장 낮은 곳
그 너머에 보이는
산과 산들
인생은 첩첩산중이다

잔뜩 찌푸린 하늘
서러운 마음
한바탕 눈물 쏟고 나면
해맑게 웃는 낯을 보리

고요한 호수는
애달픈 마음으로
산과 구름을 바라보며
평안하길 기도한다

그리고 다시 여름

뜨거웠던 여름이 있었고
설레었던 가을이 있었다

아파했던 겨울이 있었고
위로하던 봄이 있었다

그리고 다시 여름,

우리에겐 무엇이 남았을까
인생은 미완의 변주곡
순환되는 계절 속에
너와 내가 흐르고 있다

허공

빈 하늘에
고요히
구름이 우짖는다

기러기는
뭉게뭉게
피어 날고 있다

빈 하늘에
그려진 허공

공허한
상념들이
기러기처럼
너울너울
어지러이 날고 있다

저녁 바닷가에서

높고 높은 하늘
그곳을 나는
물새의 자유로운 비행
드넓은 바다의 평온함
파도에 부서지면서도
흥겨워하는 저녁 햇살

아~ 내 맘에 스며드는
평화여
자유여
내 삶에 찾아온
소중한 그대를
두 팔 벌려 안아 본다
긴 호흡으로 마셔 본다

옥수수

여름내
폭염을 품고서
맺은
노란 옥수수
알알이

몇 겹을 입고도
모자라
털모자까지
더운
여름을 나는
그대만의 비법인가

뜨거운 열정을
품어야만
얻을 수 있는

보석 같은

찰지고

쫄깃쫄깃한

그대만의 보석일세

강과 하늘과 물새

자유로이 흐르는
평온한 강물 위로
신명 나게 날갯짓하며
생명을 건져 올리는 새여
물새들이여

그대들은
어찌 그리도 자유로운 것인가?

그대들의
날카로운 부리와
거친 발톱마저도
마다하지 않는
그 깊은 강물이 있기에

그대들의
어지러운 비행을
지켜보며 기다려 준
넓은 하늘이 있기에
그대들은 그리도 자유로운 것인가?

내게도
그대들과 같이
품어 주는 강물이 있다면
지켜봐 주는 하늘이 있다면

다른 건 부럽지 않네만
그대들의 강물과 하늘만은
참으로 서럽도록 부럽네 그려

별 볼 일 없는 밤

낮의 장막이 걷히고
밤의 장막이 내리면
나타나던 어여쁜 별빛들

맑고 밝은 눈망울을
반짝거리며 들려주던
순결한 별들의 노래여

별 볼 일 없이 살고 있는
내 각박하고 누추한 밤에
그리운 별빛의 노래여라

홀로 나는 새

날이 저물고
어둑해질 무렵
홀로 나는 새 한 마리
그 많던 친구들은
다 어디로 가고
홀토 외로이 날고 있나

새는 말한다
혼자가 되어 봐야
지독히 외로워 봐야
보이는 것이 있다고
그것은 바로
늘 내 곁에 있었지만
보이지 않던 그 사람
바로 그 사람이
그 소중함이 보인다고

나만의 우물가

사람은 누구나 자신만의
우물가를 갖고 있다
아무도 모르는
자신만의 서러움을
토해 내고
죽을 듯 막혔던
생명 숨을 마음껏 뿜어내는
공허한 영혼의 물동이에
생기를 채울 수 있는
그로 인해 약간은
이기적이 되어야 하는
그런 자신만의
우물가를 갖고 있다

사랑하는 이여
이런 나의 우물가를 이해해 주오

이 우물이 있어야 나는 살 수 있는 것을

사랑하는 이여
이런 나의 우물가를 용서해 주오
이 우물에 당신이 함께할 수 없음을

바람아 불어라

바람이 불기
전에는
알지 못했다

바람이 불어야
보이는 것들과
바람이 주고 간
존엄한 선물들을

바람아
아픈 바람아
불어라
불어서 말해 다오
불어서 보여 다오

제3부

가을의 수채화

가을의 수채화

울긋불긋
빨갛게
노랗게
가을에 물들어 가는 나무들

가을이 가는 대로
붓이 가는 대로
가을이 된다
그림이 된다

누군가
나를 그려 다오
가을의 옷을 입혀 다오
가을을 살아갈 수 있도록
가을이 될 수 있도록

아, 가을이다

맑고 높은 가을 하늘
파란 호수같이 평온하구나

담장 넘어 불어오는
가을바람이 참 시원하다

따갑게 내리쬐던 햇볕이
부드러운 미소를 머금었다

고요한 새벽에 들려오는
풀벌레의 노래가 정겹다

아, 어느새 가을이다
이 가을엔 무엇을 만날까
이 가을엔 무엇을 남길까
눈 감고 긴 호흡으로 기도한다

가을에

뜨거운 한여름 순정을 다 바쳐
사랑한 그날들 이제는 흘러간
옛 추억이 되고 그리움 아득해

새벽을 가르는 풀벌레 소리와
공활한 하늘의 위로를 받으니
가을을 살고파
가을에 살고파

가을 낙엽

책갈피 사이
숨어 있던
수줍은 옛사랑
모락모락 피어난
가을의 추억이여

찬란한 금빛으로
물든 낙엽들은
가을을 수놓은
황홀한 노스탤지어

푸른 열정으로
온몸을 불태워
사랑을 다해
사랑한
지난여름의 잔해여

가을 열매

가을을 가을로
바라본
그에게 단감이 열렸다

바라본 대로
물들고
바라본 대로 맺힌 열매

가을의 빛을 머금고
서늘한 바람에 견디며
익어 간 단감들이
가을의 얼굴을 보며
즐거이 노래하고 있다

나뭇잎처럼

여름빛에 푸르렀던 나뭇잎이
가을빛에 노랗게 익어 가고 있다

때론 푸르게
때론 노랗게
세상을 아름답게 수놓는 나뭇잎

계절 따라
세월 따라
꼭 맞는 색깔로 감동을 주는 나뭇잎

인생도 나뭇잎처럼
자신만의 색깔을 입을 때 감동이 된다

가을 여행

가을이 윙윙 날고 있다
가을이 해맑게 웃고 있다
나에게로 오라고

파란 하늘과 흰 구름
가을로 떠나는
붉은 열차를 타고

노랗게
빨갛게
불타고 있는
가을을 향해
바쁜 일상을
뒤로하고
우리 함께 떠나 보자
가을 여행을 떠나 보자

가을 편지

한순간의 마음이야
한 번에 돌아서겠지
오랜 마음이 어찌
한 번에 돌아서랴마는
간곡히 부탁하시니
내 마음을 고이 접어
가을 하늘에 묻어 놓고
돌아서리다 돌아서리다

못다 한 내 이야기
전하지 못한 내 마음
하늘에 고이고이 적어
가을바람에 실어 보내리
더 이상 아쉽지 않도록
더 이상 아프지 않도록
더 이상 미련이 없도록

행복한 가을

참 맑고 높다 파란 하늘에 마음이 물든다
참 시원하다 한 줄기 바람이 마음에 불어온다
참 평온하다 두둥실 구름이 마음에 흐른다

참 어여쁘다 가을에 취한 마음에 꽃 핀다
아, 가을이야 가을이 왔다 반가운 가을이
저 하늘과 바람 그리고 꽃들도 행복한 가을이다

곶감

해만 바라보고 살다 노랗게 익은 얼굴
지난 삶의 껍질 다 벗어 버리고서
부는 막새바람에 속살을 다 태웠다
한때는 잘나갔던 얼굴이 쭈글쭈글
겉으론 못났지만 속으론 말랑하다
그 맛을 보니 달콤함에 기가 막혀
놀란 혓바닥 그만 할 말을 잊었다
갈바람에 땡감도 곶감이 되었나니
인생은 기다려 봐야 알 수 있다네

가을의 길 1

가을이 부른다
가을엔
가을의 길을 걸으라고

가을이 가야 할 길
그리고
우리가 가야 할 길

어디로 가든
우리는
가야 할 길을 가야 한다

잠시 멈출망정
포기하지 말고
주어진 길을 가야 한다

그 길은

하늘의 부름이요

숙명이기 때문이다

가을의 길 2

비로소 돌아간다 이 가을에
가을이 오라 부르는 그 길을 따라
먼 길을 돌고 돌아 다시 찾은 이 길
정신을 차리고 보면 결국은 그 자리

가을이 부르고 있다
우리가 가야 할 그 길로
우리가 있어야 할 그 자리로

비록 느리더라도 그 길로
뻔한 일상일지라도 그 자리로
가을의 부름을 따라
가을의 길을 따라 돌아간다

가을 예찬 1

가을 하늘은 상담사인가 보다
바라만 봐도 마음이 힐링된다
가을바람은 안마사인가 보다
조금만 스쳐도 온몸이 시원하다

공중제비 하는 잠자리들과
시원한 바람에 한들거리는
코스모스를 바라보며
가슴은 벅차오르고
마음은 평온하다
참 좋은 가을이다

가을 예찬 2

하늘이 내려 준
금빛을 머금고
빛나는 별 되어
이 땅에 떨어진
노오란 단풍잎

황금 길 걷는 듯
황홀한 행복이여
찬란한 가을이여
아,
가을
가을이여

빈 의자

납득할 수 없는 이유만 남긴 채
가을의 문턱에서 떠난
그 사람

다가가려 이토록 애쓰는데도
아득히 멀리 있는
그 사람

언제나 아주 잠시만 머물다가
떠나 버리는
그 사람

오늘도
빈 의자는
그 사람을
안타까이 기다리고 있다

가을 풍경

파란 하늘과 흰 구름
정겨운 가을 풍경을 본다

강 건너 마을과
바로 앞 나무 의자 두 개
정자 기둥 두 개
가을 풍경에
취해 버린 취객 하나

가을을 담아내려
한껏 욕심을 내지만

어찌 한 컷 사진에
가을을 다 담을 수 있으랴

그래서 행복한 가을이다

철길 옆 코스모스

이제는 오시려나
가는 목 길게 내밀고
고요히 두 눈을 감고
산등성이를 돌아오는
그리움의 기적을 듣는다

무엇을 맞으려 나왔는지
철길을 따라 코스모스들이
한 무리를 지어 분홍 손을
한들한들 흔들고 있다

저 멀리서 철길을 따라
달려오고 있는 아득한
가을이여
기다리는 코스모스의 마음이
아련한 그리움에 분홍지고 있다

홀로 핀 들국화

아무도 찾지 않는
빈집 대청마루에
홀로 핀 들국화여

아무도 보는 이
없는데도
그대는 참으로
고운 꽃을 피웠군요

한 줌의 흙으로
피워 낸 꽃이
이토록 고울진대
오랜 그리움이야
얼마나 고운 꽃을 피울지
그 꽃이 사무치게 그립습니다

가을의 신부

길고 긴 한여름 밤의
꿈에서 깨어나
긴 기지개를 켠다

길고 긴 망각의 터널을
헤치고 나와 준엄한
가을의 부름을 받고
길 떠나려는 어여쁜
신부를 보았다

그 누구보다도
눈부시고 아름다운
가을의 신부를

너무나 행복한 꿈이었다
이제는 제자리에

가을의 만남

지난 가을이
아무리 아름다웠어도
추억일 뿐이며,

다가올 가을이
아무리 찬란하다 해도
꿈일 뿐입니다

그러나
오늘 나를 찾아온
가을은 내 존재가
살아가는 현실입니다

그렇기에
진정한 가을을
만나려거든

오늘 나를 찾아온
가을을 만나야 합니다

내가
살아 내야 할 가을은
지난 가을도
다가올 가을도 아닌
오늘의 가을이기 때문입니다

오늘 가을을 만나렵니다
떠난 가을이 서럽지 않도록
지난 가을이 그립지 않도록

제4부

———

다시 보고픈 겨울

다시 보고픈 겨울

삶의 끝자락에 서면 선명하게 보이나 봅니다
무엇을 해야 하는지 그대는 그렇게 모든 걸 나누고
그리움을 남긴 채 한 줌의 재가 되셨습니다
몸 안에 짊어지고 있던 쇠 관절을 보니
지난 그대의 삶이 그려지더이다
함께 보고픈 가을을 지나
다시 보고픈 겨울이 되었습니다
갈수록 온기가 식어져 가는 지금
그대가 눈물 나도록 그립습니다

달 뜨는 겨울

밤안개 무겁게 내린
차가운 겨울밤에
고요히 떠오른 둥근달
가슴 에는 찬 바람
맞으며 길을 찾는
정화수 하나 놓여 있다

무엇이 그리도
간절하기에
두 손 다 얼도록
저리도 소원을 빌고 있나
달 뜨는 겨울에
한 맺힌 가슴들이
순결한 달빛에
흐르는 하얀 피를 씻는다

첫눈이 내린다

첫눈이 내린다
온 세상을
새하얗게 칠해 놓은 듯
온통 하얀 세상이다

첫눈이 내린다
이 반가운 마음을
누구와 나눠야 하나
마음 한편에서
치밀어 오르는 그리움

아직도
첫눈이 설레는 이유는
첫눈의 사랑
첫눈의 추억
첫눈의 그리움을

잊지 못하는 까닭이요
첫눈처럼 살고픈 까닭이리라

겨울나무

한때 자랑하던
고운 잎은 간데없고
자주 찾아오던
참새들도 오지 않는다

하고 싶은 일이
많아 벌려 놓은
욕망의 가지들이
실핏줄처럼 흐른다

길고 긴 겨울을
어찌 버틸지
해 저문 저녁에
겨울나무의 시름이
깊어 가고 있다

인생의 계절이
이런 것인가 보다
이럴 줄 알았으면
진작 잔가지들은
쳐 냈어야 했다
때늦은 후회를 하며
겨울나무는 버티기에
들어갔다

길모퉁이 나무

삶은 굽이굽이 길
모퉁이를 돌면
새로운 길이 보인다

질주하고 싶은 욕망
길모퉁이에 다다르면
멈춰 서야 한다
내려놓아야 한다
그리고 길을 묻는다

오늘도 그렇게
길을 묻는 이들에게
길모퉁이 나무는
가로질러 가지 말고
길 따라가라고 충고한다

진눈깨비

슬픈 이별을 한 것일까
밤새 울상이던 하늘이
그만 울음을 터뜨렸다
차가운 겨울바람에
울다 얼어 버린 진눈깨비
이름 모를 꽃대 위에
하얀 눈꽃으로 피었다

겨울과 자작나무

혹독한 겨울
인고의 세월을
견디느라
비틀어진
자작나무를 본다

세월의 풍파가
만들어 낸
자작나무의 기상
나이를 먹어도
저렇게 먹어야지

나이를 먹는 게
이토록
멋있을 수 있다니
휘어질망정

비굴하지 말자

쓰러질망정

썩지는 말자

겨울을 나는 자작나무처럼

하늘에서 핀 꽃

하늘에서 핀 하얀 꽃
눈꽃들이 내려온다
내 마음에 내려온다

눈꽃이 웃는다
내 마음이 웃는다
세상이 웃는다
참 따뜻하게

눈꽃을 닮고 싶다
눈꽃처럼 내리고 싶다
눈꽃이 되어 살고 싶다
이 춥고 서러운 세상에

환송

누구를 환송하려는가
쌓인 눈 말끔히 쓸고
의장대 사열하듯
겨울나무들이
오와 열을 맞추어 서서
손 가지들을 흔들고 있다

코도 베어 갈 듯
칼바람이 부는 세상살이
환송하는 저들을 보니
나 떠날 때 이렇듯
손 흔들어 줄 이 있다면
삶이 이토록 춥진 않을 텐데
겨울나무들의 사열이
참 반갑고 고맙기 그지없다

겨울이 내린다

사랑을 하나 보다
나를 찾아온 눈이
이토록 반가운 걸 보니

눈이 오면 떠오르는
그리운 얼굴
그것은 아마도 사랑
아니,
그것은 사랑의 추억

첫눈의 사랑
그것은 추억
아니,
그것은 아득한 꿈
아득한 꿈이 내린다
따뜻한 겨울이 내린다

겨울나기

너무 추우면
잔뜩 웅크리고

너무 힘들면
납작 엎드리고

너무 아프면
눈물을 흘리고

그렇게 버티자
그렇게 살아 내자

이 추운 겨울이
지나갈 때까지
한 눈 질끈 감고

사노라

사노라
사노라

삶의 질고를 지고
모진 풍파를 맞고
휘어질망정
버티며
버티며

사노라
사노라

꿈꾸는 나무

언 발 바위틈에
깊이 묻고
온 힘을 다해
대지의 생명을
끌어 올린다

얼어붙은
살갗이 터질망정
봄을 향한
소망은 변함이 없다

아, 겨울나무여
위대한 생명이여
고독한 투쟁이여
봄을 꿈꾸는 소망이여

별을 사랑한 나무

별을 사랑한 나무는
잠을 잊고
밤을 기다린다
밤하늘을 바라본다

어둠이 내리면
신부같이 수줍은
별들의 미소가 반짝인다

바라만 봐도
행복한 나무는
입이 귀에 걸리고 말았다
오늘 밤도 Overnight이다

늦은 오후

지는 해
맞으며
길게 늘어진 나무 그림자
인생이
길면 뭐 하는가
이렇게 늘어지고 마는 것을

차라리,
이럴 바에야
이글거리는
정오의 태양과 함께
모든 걸 불태우고 쓰러질 것을
늦은 오후
때늦은 후회로
깊은 한숨만 늘어지고 있다

된서리

깊은 밤이 지나가고
아침 해가 깨기도 전에
급작스럽게 찾아온
찬 바람에 새벽이슬들이
꽁꽁 얼고 말았다

그들은 얼마나 추웠을까
찬 바람이 등줄기를 타고
들어와 온몸이 싸늘하게
식어 들어가면서 마침내
심장을 멈추려 했을 때
그들은 몸부림쳤을 것이다

살고 싶다
살고 싶다
얼음에 갇히지 않으려

날카롭게 비명을 지르며
서서히 얼어 갔을 것이다
된서리를 맞으며…

가족여행

바쁘게 바쁘게
살다가 살다가
참 오랜만에 나섰다

일상을 멈추고
쉬는 것과
즐거운 것과 자연과
그리고 가족들에게만
집중하는 그 시간

삶의 활력이
되살아나고
살아야 할 이유를
되찾는 그 시간

모닥불처럼
애틋한 추억을
피워 올리는 그 시간

하얀 행복이
온 마음을 뒤덮는
따스한 겨울
가족여행이 즐겁다

겨울이 찌푸릴 때

온 하늘에 검은 구름이
몰려오더니
잔뜩 찌푸린 하늘에선
금방 눈이 내릴 듯하다

가을걷이 끝난
빈 밭두렁엔
하얀 겨울이 내려와
자기 세상을
만난 듯 뒹굴며 놀고 있다

키 큰 자작나무들은
황량한 밭두렁에
두 손을 호주머니에 넣고
이 겨울도 지나가리라
호호 입김을 불며 서 있다

이런 날은 따뜻한 아랫목에
엉덩이 지지며
빈대떡 한 접시 먹으면
금상첨화일 것이다

침묵

잊어 달라는 그 부탁에
서러운 위장이
꺼억 꺼억 울며 울며
아픈 추억들을 토해 냈다

저 위장 바닥을 긁고
목구멍을 타고 올라오는
쓰라린 신물들에
기억이 깨진 듯이 아프다

어찌하랴 어찌하랴
서럽지 않으려
외롭지 않으려
아니
되갚아 주려고
이를 악물고

한 눈 질끈 감고
침묵한다
돋는 해를 바라본다

세월이 간다

하루가 간다
한 해가 간다
세월이 간다
인생이 간다
어디로 가는가
무엇을 향해 가는가

반가워하던
그 목소리가 간데없다
그저 앓는 소리만 들린다
섭리를 넘고 싶은 욕망
다 부질없는 일이다
그 대가는 받아야겠지

냉혹한 겨울바람에
살갗을 에는 고독

옷깃을 잔뜩 움켜잡고
그렇게 견디며
봄날을 소망한다
봄날을 기다린다

제5부

왜 나는 여기에

왜 나는 여기에

어느 날 기둥이 쓰러졌다
속절없이 무너지는 것들
나도 무너지고 있었다

넘을 수 없는 장벽
이미 정한 것이라면
나는 어디로 가야 하나?

아득한 그 길에서 만난
오중복음 삼중축복
그 따뜻함에 열광했다

하늘의 말씀을 나르는
범상치 않은 사람들
놀랐고 또 놀랐다

그렇게 그 길을 따라

걷고 또 걸어가다

마침내 나는 여기에 있다

행복자

일평생 사랑할 사랑이 있으니
일평생 노래할 노래가 있으니
일평생 충성할 사명이 있으니

이것이 은총이 아니고 무엇인가?

내 평생토록
그 사랑을 노래하고
그 사랑에 충성하겠노라

온 맘을 다해
온 힘을 다해

뭉게구름

파란 하늘 떠다니는 뭉게구름
그리운 임 얼굴인 듯 반가워서
바라보고 또 보아도 그립다

부풀 대로 부푼 마음 그 설렘
들길세라 고이고이 감춰 본들
어찌하랴 두근대는 그 마음을

낙엽 지다

찬 비바람을
맞으며
떠난 가을이여

내 맘을
그토록
붉게 물들여 놓고

어찌 이렇듯
낙엽 하나만
남기고
떠날 수 있단 말이오

아, 가을 떠난
빈자리에 남은
아득한 그리움이여

준비하지 못한

이별에

붉어진 내 맘도

그만 낙엽 지고 말았다

불의 형벌

보내지 않으면 그립고
보내면 마음이 아프다

어찌해야 하나
이럴 수도
저럴 수도 없는
이토록 아픈 마음을

불을 품은 것이
죄라면
달게 받아야지요

독수리에게 간장을
쪼이는 형벌을 당한
신의 아들처럼
그 불의 형벌을

뒤집기

호박을 뒤집어 달라 한다
이것쯤이야
평소 자주 하던 일이니
속 뒤집기
약속 뒤집기
뒤집기 끝판왕이 아니던가
뒤집는 일이라면
이제 이골이 날 만도 한데
오늘도 이렇게 뒤집고 있다

석양

지는 하루 아쉬워서
온 하늘을
새빨갛게 물들인 석양이여

모든 것을 주고 말겠다는
그대의 숭고한 마음에
그만 눈시울이 붉어지오

그대는 내일이면
다시 떠오르겠지만
인생이야 한 번 지면
내일은 없는 법이오니

인생이 지는 황혼에는
정말로 모든 것을 주고
가야 할 때가 아니겠는가?

만남

오랜 시간이 흘러도 잊히지 않는 이름
오랜 세월이 흘러도 보고 싶은 그 얼굴
무엇 때문일까?

오랜 시간이 흐른 후에 비로소 물어본 그 이름
그 이름을 부를 때 백합처럼 피어난 미소
왜 묻지 않았을까?

우리는 그렇게 세월도 잊고 세대를 넘어
오랜 친구로서 만났다
참 행복한 만남이었다

돌잔치

"여기 봐, 오르르 까꿍"
비누 거품을 날리며
행복한 이 순간을
추억하기 위해
엄마, 아빠가 애쓰고 있다

"엄마, 아빠 여기 보세요"
연신 찰칵거리며
사진사는
추억을 낚고 있다

"아가야 잡아라"
사회자는
아이의 미래를
축복하며 돌잡이를 한다

경품 추첨에
잔치의 흥이
절정을 향해 달리는데
스마트폰에 몰두하던
셋째 아들 녀석의
무거운 눈꺼풀이 감기고 말았다

바람

어느 날 찾아와 바람이
들려준 달콤한 이야기
오랫동안 찾던 애틋한
그 말들 꿈같이 행복해

그러나 바람은 잠시만
머물 뿐 스치고 지나간
그 바람 야속해
떠나간 바람의 솔직한
말들이 아프고 아프네

인생 여행

인생은 여행
빈 가방을 채워 줄
막연한 꿈 하나 들고
달 따라
바람 따라
홀로 가는 여행

인생은 여행
빈 가방에 채워진
아득한 추억 하나
계절 따라
세월 따라
함께 가는 여행

살포시

색 바랜 종이 위에
남겨 놓은
남은 자의 슬픔
아직도 남아 있는
선명한 눈물 자국들
눈물을 삼키며
떠난 이들을 축복한
그 마음
그 사랑
그리고 기다림
이제야 살포시 웃는다

원수

누군가 하나는 반드시
죽어야만 끝이 나는
비극적인 관계가 있나니
그것은 바로 '원수'
그러나 원수 된 나를 위해
스스로 죽으신 그분
그 이름은 '예수'
오 놀라운 그 사랑
십자가의 사랑일세
십자가 십자가
주님의 크신 사랑
그 사랑을 찬양하네
그 사랑을 닮길 원하네

때늦은 후회

부부는
닮는다고 했던가
가장
많이 바라본
그 얼굴이
결국은 내 얼굴

이럴 줄
알았으면
잘 관리해 줄 걸
그럼
지금 내 얼굴이
이 정도는 아닐 텐데

꿈꾸는 민들레

척박한 땅에 떨어진 민들레는
무참히 짓밟히고 짓밟혀도
홀씨를 피운다

잠을 잘 때마다 홀씨는
꿈을 향해 훨훨 날아간다

민들레는 그렇게 꿈을 피워
자유롭게 날아간다
운명을 탓하지 않고

내 사랑 당신

너무나 그리운
당신의 마음에
다다랐을 때
내 마음에 울리는 종소리
"그대를 사랑합니다"

내 사랑을
고마워하는
당신을 보았을 때
내 마음에 울리는 종소리
"그대는 고마운 사랑입니다"

나로 인해
행복해하는
당신을 보았을 때
내 마음에 울리는 종소리

"그대만을 사랑합니다"

당신으로 인해 행복합니다
당신을 사랑합니다
영원히…

산이 나무에게

나무여
나무여
폭풍에 팔이 꺾이고
혹한에 살이 에여도
항상 그 자리에
묵묵히 서 있는 나무여,

꺾인 아픔을
붉은 사랑으로 입히고
에인 가슴을
축복의 둥지로 만들어 온
그립고 애달픈 나무여,

오랜 세월
변함없이
그대만을

바라보고 바라봐 준 산을 보아요

그대 노래

그리워서

밤 지새며

간절히 기도하던 산을 보아요

이제는

목 놓아 노래하세요

이렇게

권면하는 이유는

그대의

지난 아픔은

지친 이들의 그늘이 되고

그대의

지난 빈 가슴은

허기진 이들의 쉼이 될 것을 믿기 때문입니다

나무여

나무여

이제는 산과 함께 노래하세요

그렇게

권면하는 이유는

산은

그대의 노래에

메아리와 울림을

더해 줄 것을 믿기 때문입니다

그대의 노래가

더 멀리

더 높이

더 깊이 울려 퍼지도록…

그 길을 따라

굽이굽이 인생길
정하신 대로
물 흐르듯이
그렇게 흘러왔습니다

내 사는 길이
그 길 위에 있으니
비록 멀고 험하여도
그 길은 축복의 길입니다

그 길에
주님이 함께하시니
그 길 끝에서
주님이 나를 기다릴 것이니
나는 그 길을 믿음으로 갑니다

쓰나미 같은 사랑

경계선에
멈출 수 없는
쓰나미 같은 사랑이 있다
필경에는
모든 걸
휩쓸고
폐허만 남게 되리라

그 사랑이
몰려올 때
내 마음에
경종을 울려야 한다
그리고
달려가야 하리라
더 높으신
그분의 사랑의 성루로

그 사랑의

쓰나미에

휩쓸리지 않도록

무너지지 않도록

서로를 지키는

진정한 사랑을 할 수 있도록…

흔들리는 마음

내가 잘하고 있는지 흔들흔들
잘못되지 않을까 흔들흔들
내 맘 붙잡는 이도 흔들흔들

붉은 갈대밭

한 치 앞을 내다볼 수 없는 안개
어디로 가야 할지 몰라
당황한 붉은 갈대들이
모여 웅성대고 있다

많이 모였디고
길을 아는 건 아니다
길을 아는 자만이 길이 될 수 있다

시와 된장국

된장국이 도착했다
오래 묵은 맛
구수한 맛
마음에 와닿는 맛

나이 탓일까요?

된장국에 시를 말아
먹는 이 맛이
이토록
절묘할 수가

그 맛이
심장을 지나
핏줄을 타고 흘러
탄성을 자아낸다

로켓 타고
날아온
시와 된장국에
엄지척
구독 좋아요
사정없이 쏘고 말았다

멈췄을 때 비로소 보았다

고속열차를 타고 있었다
내 앞에
초고속 기차가
달리고 있다
조급하다

조금만 더
조금만 더

급브레이크를 밟는
바람에
내 심장은
바닥에
떨어졌다

넘을 수 없는 집 문턱

들어가야 하나
나가야 하나
문턱 너머 들리는 기도
"아빠가 웃게 해 주세요"

고속열차가
멈춰 선 그날
비로소 보게 된 것들은
늘 내 곁에 있는 것들이었다

마침내
멈출 결심을 할 때
보이는 것들
그것은 바로 나였고
너였고
그였다

평행선

다른 별에서 왔다
알아들을 수 없는
수많은 방언들
내 심장을 울린
한 외국어가 들어왔다

아주 조금만
알아들었을 뿐인데
너무나 기뻤다
너무나 궁금해서
더 많이 듣고 싶어서
더 행복할 것 같아서
발맞춰 행진곡을 연주했다

그러나 어느 때부터
들리지 않는 방언들

듣지 않는 입과
말하지 않는 귀

고요히 깨지는 소리
신음하는 소리
앓는 소리만 오고 갈 뿐

모국어를 잃어버린 듯
알아들을 수 없는
외국어들과 깨진 마음들
언젠가 만날 수 있을 거라는
믿음으로 평행선을 걷고 있다

끄덕

책이 되어 왔습니다
잔멸치
굵은 멸치
파닥거리는 이야기들
빛이 났습니다

빈틈 하나 없을 멸치망
어느 틈에 나왔을까
그 시간들
그 이야기들

그 숨 막히는
틈을 뚫고 나온
멸치들이
너무 대단해
연신 고개를 끄덕였습니다

별자리와 말자리

별을 이으면 별자리
말을 이으면 말자리

말과 말이 이어져
만드는 형상은
의미가 되고
그 의미가
나를 깨우치고
변화시킬 때
이는 인문이 된다

말과 말로 이어진
그 자리에
소통이 있고
공감이 있다면
삶은 좀 더 살 만해질 것이다

딸 결혼식

늙은 남자가 들어갔다
젊은 남자로 돌아왔다

삼십 년 붙잡은 손을
한평생 살 손에
넘겨주고
주름진 기쁨에 눈물을 흘렸다

잘 살아야 한다
행복해야 한다
바라는 건 이것뿐
기쁨의 눈물은 주름져 흘렀다

행복한 등 바라보며
들썩이는
주름진 남자의 어깨에

왈칵 설움이 복받쳐 올랐다

이제 가는구나
사랑하는 내 딸
안녕

혓바늘

아프다고 애원하는 목구멍 너머
혓바늘 돋아 아파하는
해삼 한 마리가 꿈틀거리고 있다
하루 종일 먹지 말라는
고래밥, 카레밥
날카로운 자극에 베인 것이다

반창고를 붙일 수도 없고
뽑아 버릴 수도 없다
진퇴양난이다
밤새 지른 비명에 지친
해삼은 기절하듯
잠이 들고
선잠이 깨어 지켜보던
눈꺼풀도 그만 녹아내리고 말았다

마침내 묻는다

책이 내게 와 물었다
넌 뭘 좋아하니?
왜 이 질문이 낯선 걸까?

살아 내야 하니
살았고
그렇게 살고 있나 보다

나도 좋아하는 것이
있을 텐데
미안한 내게
마침내 묻는다

넌 뭘 좋아하니?

그래 그 마음이야

떠난 이를 정리하고 있다
물건은 정리되는데
정리되지 않는 내 마음

애써 힘을 내 보려 하지만
움직이지 않는 감정들
뭐가 급하다고
또 이리도 서둘고 있나

가만히 두고 기다리면
다시 제자리로 올 텐데
그리 급할 일도 없는데
그래 그 마음이야
나를 찾아온 글귀 하나가
내 마음을 울리고 있다

지구에 떨어지겠지

이거 날리면 어디까지 날까?
글쎄, 지구에 떨어지겠지
하긴 날아 봐야 지구네
중력이 있으니
뛰는 놈 위에 나는 놈 있다
뛰어 봐야 벼룩이나
뛰어 봐야 하나님 손바닥이다

죽어라 뛰어 봐야 소용없다
뛰는 놈은 참 서럽다
나는 놈은 어떨까?
그래 봐야 지구 손바닥이다
죽어라 뛰지도 말고
죽어라 날지도 말자
그래 봐야 다 지구 손바닥이다
다 지구에 떨어질 뿐이다

건반을 달리다

오선지는 연주자에게 말한다
연주자는 건반에게 말한다
건반이 달린다
오선지가 들린다

연주자를 통해야만
오선지가 들리듯
누군가를 듣는 것은
누군가를 통하는 일이다

오선지를 잘 들은
건반이 달릴 때
음악은 마음을 움직인다

갈수록 태산

태산을 오르려는 것도
아닌데
왜 이리 힘이 드나

힘을 쓸수록
아파 온다
부러진 갈비뼈처럼

어이해야 하나
갈수록 쌓여만 가는
태산들을

진퇴양난이다
안간힘을 다해
버티는 수밖에

실타래 풀기

어디서 꼬인 걸까
아무리 해도
풀리지 않는다
아니 풀 수 없을 것 같다

끊어진 실이야
이으면 되지만
끊어진 마음은 이어질까
실마리가 보이지 않는다

꼬인 실타래 생각에
발도 엉클어지고
다리도 비틀거리고 있다

누가 내게 알려 다오
실타래 푸는 실마리를

어떤 말

반갑고 설레는 말
가장 듣고 싶은 말
잊히지 않는 말
사무치는 말
"보고 싶다"
사무치는
그 말을 몰고 싶다

아프고 두려운 말
가장 듣기 싫은 말
잊고 싶은 말
사무치는 말
"그만 보자"
사무치는
그 말을 물고 싶다

실패

둥글둥글 굴러가는 세상살이
호박이 넝쿨째 굴러오면
좋으련만
실패가 잔뜩 굴러온다

실패는 성공의 어머니라지만
성공하지 못하면
서글프다
성공은 명패를 낳고
실패는 낭패를 낳는다

명패를 낳든
낭패를 낳든
억울하지 않으면 좋으련만
인생살이 둥글둥글
어디로 튈지 모르니 어이하리

제6부

―――

시의 마음을 읽다

시평 1 ―「장미의 눈물」

"신은 모든 것을 주시지 않는다."라는 말이 있다. 꽃의 여왕이라 불리는 장미도 예외는 아니다. 장미는 어떤 꽃도 따라올 수 없는 매혹적인 아름다움을 갖고 있다. 사람들은 이런 장미를 좋아한다. 장미를 바라보고 장미와 사진을 찍으며 행복해한다. 장미는 이렇게 사람들의 관심과 사랑을 받는 것이 행복하다. 그러나 장미에게는 꽃만 있는 것이 아니다. 찔리면 몹시 아프게 하는 매서운 가시를 갖고 있다. 그러나 사람들은 장미의 가시에 대해선 관심이 없다. 장미의 가시를 알게 되는 순간 성가시게 생각하고 장미가 그럴 줄 몰랐다고 하며 떠나는 사람도 있다. 어떤 이들은 장미의 몸에서 가시를 다 떼어 놓고 꽃만 보려고 한다. 장미는 가시까지 사랑한 이를 만나지 못한 것이다. 장미는 그로 인해 너무나 많은 상처를 받았다. 그렇기에 장미는 가시까지 품어 줄 그 사랑을 그토록 그리워하는 것이다. 장미가 이것을 포기할 수 없는 이유는 장미에게 가시는 꽃만큼이나 사랑을 받고 싶은 소중한 그 자신이기 때문이다. 아무리 화려한 꽃도, 아무리 많은 사랑을 받고 있는 꽃도 잠깐 피었다 지기 마련이다. 꽃이 지고 나면 이내 사랑도 지고 만다. 꽃이 지는 날, 장미는 떠나는 그 사랑 때문에 붉은 눈물을 흘린다. 그것이 사랑의 숙명이라 생각하며….

시평 2 — 「붉은 장미」

때가 되면 어김없이 피어 건조한 세상을 온통 붉게 물들이는 장미, 그 향기 또한 짙어 발끝까지 감싼다. 보기만 해도 행복한 사랑이 찾아올 것만 같다. 올해는 유난히도 장미가 붉게 피었다. 누구라도 장미의 붉은빛에 매료될 수밖에 없을 만큼….

그러나 뾰족이 세운 가시 때문에 누구라도 쉽게 다가갈 수가 없다. 가까이 다가가 잡으려면 더 뾰족이 가시를 세우고 만다. 그것을 시인은 아무에게나 마음을 허락하지 않는 장미의 의연한 절개라 한 것이다. 얼마나 많은 사람들이 저 아름다움에 미쳐 가시에 찔렸을까? 장미를 가지려면 가시의 찔림은 감당해야 한다. 얼마나 많은 사람이 가시의 아픔까지 사랑하며 견딜 수 있을까? 장미의 화려함보다는 그 가시까지 사랑한 자라야 진정한 사랑을 얻을 수 있는 것이니, 그래서 장미를 열렬한 사랑을 하고픈 이들의 전령사라 한 것이다.

너무나 아름다워서 뜨겁고 너무나 뜨거워서 붉은 사랑

의 꽃, 그러나 아무나 함부로 얻을 수 없는 아픈 꽃, 이 붉은 장미는 열렬히 사랑하는 이들을 만나면 더더욱 아름다워지리라. 더더욱 뜨겁고 붉게 피어오르리라.

시평 3 — 「바람이 분다」

바람은 무엇인가? 기압의 차이로 발생하는 공기의 흐름이다. 그러나 이는 과학적인 설명이다. 시인에게 일어난 바람은 사랑이다. 사랑의 바람이 불었다. 바람만 불어도 생각나는 그 사람, 가까이 있어도 늘 그리운 그 사람, 시인의 마음에 들어온 그 사람은 누구일까? 궁금해진다. 첫사랑을 할 나이도 아닌데 중년에게 찾아온 사랑이라니 왠지 걱정이 앞선다. 그러나 사랑에 흠뻑 빠진 시인의 노래를 들으며 생각을 고치기로 했다. 사랑은 언제나 할 수 있는 것이라고… 사랑은 청년의 전유물일 수만은 없다고… 사랑하는 그 사람의 팔에 안겨 별을 노래하듯, 꿈같이 한세상을 살 수만 있다면 이보다 더 큰 행복이 어디 있으랴. 이른 여름 더운 바람이 분다. 꿈같은 사랑이 분다.

시평 4 —「가슴에 핀 꽃」

우리의 가슴엔 많은 이야기가 있다. 때로는 그 많은 이야기들을 담아 두기에는 견뎌 내야 하는 고통이 너무 크다. 오늘은 견딜 수 없는 이야기 하나가 꽃으로 피었다. 아픔으로 얼룩진 눈물의 골짜기를 넘어가지 못하고 고이고이 고여 꽃이 되었다.

너무 아프면 눈물도 나지 않는 법이다. 실컷 울기라도 하면 좋으련만 눈물은 흐르지 않고 고이기만 한다. 이쯤 되면 가슴이 터져서 죽을 것만 같아 견딜 수 없는 상태가 된다.

「가슴에 핀 꽃」은 이런 아픔과 고통을 견디고 가슴 깊은 곳에서 꽃으로 피어났다. 금방이라도 꽃잎에서 눈물이 방울방울 맺힐 것만 같다. 그렇게 우리는 가슴에 눈물로 피운 꽃 하나씩은 품고 살아간다. 아무도 알지 못하는 자기만의 가슴속 깊은 곳에 눈물로 핀 꽃을 간직한 채 그렇게 살아간다.

시평 5 —「석양」

석양은 붉다. 너무 붉어서 바라만 보아도 눈시울이 붉어진다. 내일 다시 또 떠오를 빛에 얼마나 마음을 더하여 보태면 저리도 붉게 타는 것일까? 온몸과 마음으로 자신을 불태우듯 타는 석양은 냉랭한 가슴이라도 금방 데워 버리고 말 것이다. 마지막 석양이라도 되는 듯 뜨겁게 뜨겁게 하늘을 태운다.

한번 지면 그만인 인생도 저렇게 붉을 수 있으면 좋겠다. 석양보다 더 붉고 뜨겁게 하늘을 물들이며 살면 좋겠다. 석양을 바라본 시인의 마음도 이러했나 보다. 그래서 할 수만 있다면 인생의 황혼에는 모든 것을 주고 가기 위해 스스로 뜨겁게 타고 싶은가 보다. 시를 읽는 가슴이 저 석양처럼 붉어지기를 바래 본다. 시를 읽는 가슴이 뜨거워 견딜 수 없었으면 좋겠다. 그 뜨거움으로 어디든지 뚜벅뚜벅 걸어갈 수 있었으면 좋겠다.

비록 펼쳐진 삶은 비 오는 날 흐린 하늘빛 같아도 그 가슴으로 살고 싶다. 아무런 대가도 바라지 않으며 하늘을 물들인 저 붉은 석양처럼….

어차피 한 번뿐인 인생인데 무엇이 두려워 태우지 못하는가? 이것이 붉은 석양에 눈시울이 붉어지는 까닭인가 보다. 붉어도 너무 붉어서 숨 막히도록 아름다운 석양에 가슴은 뜨겁고 눈시울은 붉어진다. 석양처럼 뜨겁게 살고 싶고 석양처럼 붉어지고 싶기 때문인가 보다.

시평 6 —「홀로 나는 새」

혼자 외로이 하늘을 날아 보는 것도 괜찮겠다. 진정 혼자가 되어 봐야 늘 곁에 있던 소중한 것을 볼 수 있다면 말이다. 그 비행이 지독히 외로워도 홀로 있어 봐야 잊고 살던 소중함에 대하여 깨닫고 볼 수 있다면 홀로 하늘을 나는 것쯤 어떠하리. 우리는 왜 늘 놓치고 사는 것들이 그렇게도 많을까? 왜 있을 때 보지 못하고 듣지 못하고 혼자가 되어 처절한 아픔을 겪어 봐야 알게 되는 걸까? 집을 떠나 봐야 집의 소중함을 알고 밖의 음식만 먹다 보면 소소한 집밥이 그리워지는 것처럼 우리는 떠나 보아야 알고 홀로 지내 보아야 안다. 언제나 옆에 있기 때문에 늘 있을 것이라 믿고 있기 때문에 곁에 있는 것에는 늘 무딘 것 같다.

어둠이 내리는 하늘에 홀로 나는 새가 무척이나 외로워 보인다. 어쩌다가 혼자가 되었을까? 홀로 나는 새의 외로움, 그 쓸쓸함에 대하여, 홀로 있음에 대하여 말한다. 소중한 가치를 찾는 데 홀로 저 광활한 하늘을 날아 보는 것도 괜찮은 것이라고, 외로운 비행이 끝날 때쯤이면 소중한 것이 무엇인지 알 수 있을 것이라고, 혼자 외로이 하늘을 날아 보는 것도 괜찮겠다.

시평 7 — 「그 길을 따라」

그동안 살아온 인생길을 돌아보니 그 길은 굽이굽이 굴곡진 길, 그래도 정하신 대로 그 길을 따라왔다. 내 가는 길 비록 멀고 험해도 그 길 끝에 계실 주님을 바라보니, 그곳은 기쁨으로 가득한 곳, 바로 축복의 길이라는 것을 알기에 "믿음으로 갑니다" 하며 고백한 시인의 기도가 눈물겹다.

시에는 슬픔도 없고 아픔도 없고 얼룩진 눈물도 없다. 그럼에도 이렇게 마음을 울리는 것은 아마도 정하신 길, 물 흐르듯 살아온 그의 길이 어떤 길인지 알기 때문일 것이다. 그 길에는 분명 뼈를 깎고 살을 에는 고통이 있었을 것이며, 자신을 내려놓으려 몸부림치며 울어야 할 때도 있었을 것이다. 나는 없고 그만이 있기를 간절히 원했던 날들도 있었을 것이다.

주님을 향한 그의 길, 그가 홀로 가는 것이 아니니, 험한 산도 괜찮고 바다 끝이라도 그는 가리라. 누군가 어리석다고 손가락질해도 그는 그 길을 따라가리라. 가다가 보면 이런 그를 보고 누군가는 주님께 돌아오리. 그 길을 따라가려는 그에게, 그의 길이 험하고 고단할지라도 그의 길을 다하도록 주께서 함께하시기를 기도한다.

시평 8 — 「낙엽 지다」

우리는 만날 때에 떠날 것을 염려하지 않았다. 그렇게 가을을 만났다. 하지만 이별은 예정된 것이었다. 나만 몰랐던 것은 아니지만, 아직 가을에 물든 가슴은 붉기만 하다. 내 마음을 아는지 모르는지, 가을은 낙엽 하나만 남기고 가 버렸다. 너무도 사랑한 그 가을, 그 그리움을 어찌 낙엽 하나에 다 담을 수 있을까? 바람 불면 정처 없이 떠나 버릴 낙엽인 것을….
이젠 익숙해질 법도 한데 준비 없는 이별은 아직도 너무 아프다. 헤어짐도 연습이 필요한가 보다. 때가 되면 떠나 버리는 가을처럼. 그러나 어찌할까? 아직도 헤어짐의 연습은 멀기만 하다. 남아 있는 것은 그저 아픔과 애달픈 그리움뿐. 가을을 잃은 시인의 붉어진 가슴에도 낙엽이 지고 말았다. 낙엽은 이토록 아린 이별의 흔적이었나 보다.
"그만 낙엽 지고 말았다" 시인의 붉은 마음이 자꾸만 가슴에 머문다. 그 마음도 내게 물들었나 보다. 아니 그보다 가을을 보내지 못하는 마음이 같은 마음이라고 해야 맞는 듯하다. 그 마음에 나의 생각이 멈춰 이렇듯 시의 마음을 맴돌고 있다. "낙엽"은 가슴 아린 아픔만 남긴 가을을 떠나보내지 못한 그리움이다. 그렇게 낙엽이라도 되어 떠나보내는 가을이 되고 싶은 것이다. 떠난 가을을 바라보는 나는 낙엽 따라 다시 만날 그 가을을 기다린다.

시평 9 ―「철길 옆 코스모스」

코스모스는 기다림이다. 기다림은 꽃의 숙명이 되어 버린 지 오래다. 꽃은 산등성이를 돌아 달려오는 가을을 향해 손짓한다. "어서 오세요. 당신을 기다렸어요." 코스모스는 뜨겁거나 황홀하지 않지만, 그 어느 꽃보다 잘 어울리는 가을의 연인이다. 가을은 가녀린 목을 빼고 기다리는 꽃을 찾아 먼 길을 돌아 달려오고 있다. 그가 오는 소리에 꽃은 분홍빛이 되었다. 철길 옆 코스모스는 그 무리에 살짝 숨어 피고픈 우리들의 가을이다. 가을이 오는 길목의 한 무리 코스모스이고 싶다.

시평 10 ―「가을 예찬 2」

황금빛 찬란한 노오란 단풍잎, 하늘의 빛 밤하늘의 별이 내려와 노오란 단풍이 되었다. 반짝반짝 빛나던 별이 지상에 내려오면 이렇듯 노오란 빛이겠구나! 붉은 단풍이 주는 이미지와 노오란 단풍이 주는 이미지가 서로 다르게 그려졌다. 붉은 가을의 가을 단풍은 다가가면 데일 듯 뜨거웠는데 노오란 단풍을 입은 가을은 이렇게 황홀하구나. 사진이 없더라도 사진 속 길을 걷는 듯한 시다. 정말 가을을 사랑한 시인의 "가을 예찬"이다.

시평 11 — 「가을 풍경」

시에서 한 편의 수채화를 본다. 붓보다 세밀하게 터치한 듯 그린 시인의 감성이 넘친 수채화. 파란 하늘은 더 파랗고 강 건너 마을엔 고즈넉한 평화가 깃들었다. 코스모스는 가을바람에 흔들리고 한껏 취한 취객이 작고 네모난 사진기에 담을 수 없는 가을이 있다. 보이지 않는 가을 풍경까지 시인의 수채화에는 담겨 있다. 그가 사랑한 가을이기 때문이다. 시인의 가을 수채화는 계속해서 그릴 것이 넘친다. 그래서 시인은 "행복한 가을"이라고 한다.

시평 12 — 「겨울나기」

겨울을 나는 나무의 모습이 더없이 힘겨워 보인다. 겨울을 견딘다는 것은 저리도 큰 아픔인가? 나무의 꺾이고 휘어진 모습이 너무나 아프다. 납작 엎드린 나무의 모습이 자꾸 눈에 밟힌다. 시인의 마음에도 그런 나무의 아픔이 입혀졌나 보다.

이마도 나무의 꺾인 모습이 아픈 건, 겨울을 나고 있는 우리의 모습과도 닮아서일 것이다. 겨울이 지나고 나면 꺾인 저 나무의 가지들이 펴지고 그곳에 푸르른 잎이 무성해지며 싱그러운 열매도 열리기를 기도한다. 시인의 노래처럼 잔뜩 웅크리고 엎드리고 울더라도 겨울을 나기를 바라 본다. 그렇게 겨울을 지났으면 좋겠다. 그렇게 살아냈으면 좋겠다. 꺾이고 휘어져 엎드린 나무도 나도….

시평 13 — 「겨울이 내린다」

눈이 오면 생각나는 그리운 얼굴 하나, 그것은 사랑이다. 그 사랑에는 아픔이 없고 슬픔이 없다. 첫눈과 함께 추억하는 것은 아름답기 때문이다. 첫눈의 설렘처럼 영원히 기억될 시인의 겨울에도 그런 추억이 하나 있는 것이다. 아득한 꿈처럼 펼쳐진 그곳에 그가 있는 것이다. 그렇게 찾아온 추억이 있는 것이다.

그의 겨울이 내리고 있다. 그리움이 되어 하얗게 내리고 있다. 눈이 오면 보고 싶은 얼굴 하나, 잊히지 않는 추억이 되어 그의 겨울이 내리고 있다. 그의 가슴에 따스하게 기억될 사랑의 추억이 내리고 있다.

시가 참 예쁘고 따스해서 좋다. 함박눈이 펑펑 쏟아지던 첫눈의 기억이 첫눈의 사랑이 그립다. 거친 삶도 때로는 이렇게 아름다운 것은 기억되는 것이 있기 때문인가 보다.